읽기만 해도 **실력 쑥쑥** 재미 두 배 **코믹 만화**

알찬 속담

등장인물

우리(주인공)
요리를 좋아하고, 맛집 유튜브 채널 운영.
순하고 무엇이든 성실히 열심히 한다.
성격이 좋아서 주변 사람들과 잘 어울려
지내는 인싸다.

만세
주인공의 남동생으로 주인공보다
키가 커서 형님 같다.
축구 클럽에서 활동, 축구 영재로 불린다.
형제끼리 사이가 좋은 편이다.

윤아
뒷모습은 남자 같고, 앞모습도
약간은 우락부락하다.
외모 콤플렉스가 있다.

지호
운동 잘하고, 키도 크고 인기가 있다.
공부보다는 운동이 좋다.
우리와 유치원부터 친구 사이이다.

은하
수학 영재지만,
잘난 체하지 않고
순한 편이다.

읽기만 해도 **실력 쑥쑥** 재미 두 배 **코믹 만화**

알찬 속담

글 해맑은　그림 토리아트

차례

1 가는 날이 장날이다 8
2 가는 말에 채찍질 10
3 가는 말이 고와야 오는 말이 곱다 12
4 가랑비에 옷 젖는 줄 모른다 14
5 가재는 게 편 16
6 가지 많은 나무에 바람 잘 날 없다 18
7 간에 붙었다 쓸개에 붙었다 한다 20
8 같은 말이라도 '아' 다르고 '어' 다르다 22
9 개구리 올챙이 적 생각 못 한다 24
10 개똥도 약에 쓰려면 없다 26
11 겉 다르고 속 다르다 28
12 고래 싸움에 새우 등 터진다 30
13 고생 끝에 낙이 온다 32
14 공든 탑이 무너지랴 34
15 구더기 무서워 장 못 담글까 36
16 구슬이 서 말이라도 꿰어야 보배 38
17 굼벵이도 구르는 재주가 있다 40
18 금강산도 식후경 42
19 까마귀 날자 배 떨어진다 44
20 꾸어다 놓은 보릿자루 46
21 꿩 먹고 알 먹기 48
22 남의 잔치에 감 놓아라 배 놓아라 한다 50
23 낫 놓고 기역 자도 모른다 52
24 낮말은 새가 듣고 밤말은 쥐가 듣는다 54
25 내 코가 석 자 56
26 누워서 침 뱉기 58
27 늦게 배운 도둑이 날 새는 줄 모른다 60

28 달걀로 바위 치기 64
29 달면 삼키고 쓰면 뱉는다 66
30 닭 잡아먹고 오리 발 내놓기 68
31 닭 쫓던 개 지붕 쳐다보듯 70
32 도둑이 제 발 저리다 72
33 도토리 키 재기 74
34 돌다리도 두들겨 보고 건너라 76
35 되로 주고 말로 받는다 78
36 될성부른 나무는 떡잎부터 알아본다 80
37 등잔 밑이 어둡다 82
38 떡 줄 사람은 꿈도 안 꾸는데 김칫국부터 마신다 84
39 똥 묻은 개가 겨 묻은 개 나무란다 86
40 마른하늘에 날벼락이다 88
41 말이 씨가 된다 90
42 말 한마디로 천 냥 빚을 갚는다 92
43 모난 돌이 정 맞는다 94
44 모르면 약이요 아는 게 병 96
45 목마른 놈이 우물 판다 98
46 못 먹는 감 찔러나 본다 100
47 무소식이 희소식 102
48 물에 빠지면 지푸라기라도 잡는다 104
49 물에 빠진 놈 건져 놓으니까 내 봇짐 내라 한다 106
50 미꾸라지 한 마리가 온 웅덩이를 흐린다 108
51 미운 아이 떡 하나 더 준다 110
52 믿는 도끼에 발등 찍힌다 112
53 밑 빠진 독에 물 붓기 114

54 바늘 가는 데 실 간다 118
55 바늘 도둑이 소도둑 된다 120
56 발 없는 말이 천 리 간다 122
57 방귀 뀐 놈이 성낸다 124
58 배보다 배꼽이 더 크다 126
59 백지장도 맞들면 낫다 128
60 벼룩도 낯짝이 있다 130
61 벼 이삭은 익을수록 고개를 숙인다 132
62 병 주고 약 준다 134
63 비 온 뒤에 땅이 굳어진다 136
64 빈 수레가 요란하다 138
65 빛 좋은 개살구 140
66 사공이 많으면 배가 산으로 간다 142
67 새 발의 피 144
68 서당 개 삼 년에 풍월을 읊는다 146
69 세 살 적 버릇이 여든까지 간다 148
70 소 잃고 외양간 고친다 150
71 쇠귀에 경 읽기 152
72 쇠뿔도 단김에 빼랬다 154
73 수박 겉 핥기 156
74 숭어가 뛰니까 망둥이도 뛴다 158
75 식은 죽 먹기 160
76 신선놀음에 도낏자루 썩는 줄 모른다 162

77 아니 땐 굴뚝에 연기 날까 166
78 아닌 밤중에 홍두깨 168
79 언 발에 오줌 누기 170
80 열 번 찍어 아니 넘어가는 나무 없다 172
81 우물 안 개구리 174
82 우물을 파도 한 우물을 파라 176
83 웃는 얼굴에 침 뱉으랴 178
84 원수는 외나무다리에서 만난다 180
85 원숭이도 나무에서 떨어진다 182
86 윗물이 맑아야 아랫물이 맑다 184
87 입에 쓴 약이 병을 고친다 186
88 자라 보고 놀란 가슴 솥뚜껑 보고 놀란다 188
89 작은 고추가 더 맵다 190
90 재주는 곰이 넘고 돈은 주인이 받는다 192
91 제 방귀에 제가 놀란다 194
92 쥐구멍에도 볕 들 날 있다 196
93 지렁이도 밟으면 꿈틀한다 198
94 천 리 길도 한 걸음부터 200
95 콩 심은 데 콩 나고 팥 심은 데 팥 난다 202
96 티끌 모아 태산 204
97 팔이 안으로 굽지 밖으로 굽나 206
98 하룻강아지 범 무서운 줄 모른다 208
99 호랑이도 제 말 하면 온다 210
100 호박이 넝쿨째로 굴러떨어졌다 212

1 가는 날이 장날이다 8
2 가는 말에 채찍질 10
3 가는 말이 고와야 오는 말이 곱다 12
4 가랑비에 옷 젖는 줄 모른다 14
5 가재는 게 편 16
6 가지 많은 나무에 바람 잘 날 없다 18
7 간에 붙었다 쓸개에 붙었다 한다 20
8 같은 말이라도 '아' 다르고 '어' 다르다 22
9 개구리 올챙이 적 생각 못 한다 24
10 개똥도 약에 쓰려면 없다 26
11 겉 다르고 속 다르다 28
12 고래 싸움에 새우 등 터진다 30
13 고생 끝에 낙이 온다 32
14 공든 탑이 무너지랴 34
15 구더기 무서워 장 못 담글까 36
16 구슬이 서 말이라도 꿰어야 보배 38
17 굼벵이도 구르는 재주가 있다 40
18 금강산도 식후경 42
19 까마귀 날자 배 떨어진다 44
20 꾸어다 놓은 보릿자루 46
21 꿩 먹고 알 먹기 48
22 남의 잔치에 감 놓아라 배 놓아라 한다 50
23 낫 놓고 기역 자도 모른다 52
24 낮말은 새가 듣고 밤말은 쥐가 듣는다 54
25 내 코가 석 자 56
26 누워서 침 뱉기 58
27 늦게 배운 도둑이 날 새는 줄 모른다 60

1 가는 날이 장날이다

모처럼 책을 빌리려고 도서관에 갔는데, 문이 닫혔다면 어떤 느낌일까요? 힘들게 찾아간 게 헛수고가 되어서 기분이 안 좋을 거예요. 이처럼 '어떤 일을 하려는데, 생각지 않은 일이 발생해서 못 하게 되는 것'을 뜻하는 속담이에요.

비슷한 격언

Bad timing(Murphy's Law). 머피의 법칙.

2 가는 말에 채찍질

잘 가고 있는 말에 왜 채찍질을 할까요? 더 잘 달리라고 채찍질하는 거예요. 이 속담은 '달리고 있는 말처럼 힘이 좋아도 더욱 마음을 써서 힘써야 한다'라는 뜻으로 사용해요. '무엇인가 열심히 하는데 더 잘하라고 부추기는 말'로도 쓰여요.

비슷한 격언

Urge on a willing person. 하고자 하는 사람에게 재촉한다.

3 가는 말이 고와야 오는 말이 곱다

상대편 말이 나에게 상처를 준다면, 나도 기분 나빠서 상대방에게 나쁜 말을 하게 되지요. '내가 남에게 말이나 행동을 좋게 해야 상대방도 고운 말과 행동을 한다'라는 뜻이에요.

 **비슷한 격언**
What goes around, comes around. 그대로 돌아온다.

4 가랑비에 옷 젖는 줄 모른다

우산을 쓰지 않고 가랑비를 맞은 적 있나요? 이럴 경우, 어느 순간 옷이 젖는 걸 깨닫게 되지요. '가랑비처럼 아무리 사소한 것이라도 거듭 반복되면 무시하지 못할 정도로 크게 된다'라는 의미로 쓰이고 있어요.

비슷한 격언

Many drops make a shower(flood).
물방울이 많이 떨어지면 소나기(홍수)가 온다.

5 가재는 게 편

'상황이나 형편이 비슷한 친구끼리 서로 돕고 어울리며 감싸 주기 쉽다'라는 뜻이에요. 개인의 친분이나 사정이 아니라, 옳고 그름을 정확히 따지는 게 필요해요.

비슷한 격언

People stick up for their own kind. 사람들은 자기 동족을 옹호한다.

6 가지 많은 나무에 바람 잘 날 없다

자식을 많이 둔 부모는 가지 많은 나무처럼 걱정거리가 끊일 날이 없어요. 이 속담은 '걱정이 많고 할 일이 많아 편할 날이 없다'라는 뜻으로 쓰여요.

비슷한 격언

There is no rest for a family(mother) with many children.
아이 많은 집안(엄마)에는 쉴 시간이 없다.

7 간에 붙었다 쓸개에 붙었다 한다

간과 쓸개는 아주 가까이 있어요. 자기에게 조금이라도 이득이 있으면 간과 쓸개처럼 '가까운 사이의 사람들을 오가며 이리 붙었다 저리 붙었다 한다'라는 뜻이에요. 제 이익만 따지는 기회주의자를 비판할 때 사용하는 속담이기도 해요.

비슷한 격언

Change sides readily, turn(change) one's coat readily.
쉽게 옆구리를 바꾸고 쉽게 웃옷을 뒤집는다.

8 같은 말이라도 '아' 다르고 '어' 다르다

표현에 따라서 말의 의미가 다르게 바뀌지요. 같은 말이라도 이렇게 말하면 이런 의미로 들리고, 저렇게 말하면 저런 의미로 들린다는 말이에요.

비슷한 격언

Mind your Ps and Qs. 최대한 정중히 행동하다.

9 개구리 올챙이 적 생각 못 한다

개구리가 올챙이 적을 기억할 수 있을까요? 개구리 모습처럼 '형편이 조금 나아졌다고 지난날의 어려웠던 때를 생각하지 못하고 잘난 체하는 사람'을 빗대어서 일컫는 말이에요.

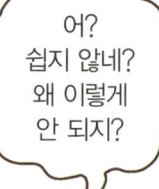

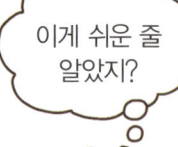

비슷한 격언

It is old cow's notion that she never was a calf.
자기가 송아지였던 적 없다는 게 늙은 암소의 생각이다.

10 개똥도 약에 쓰려면 없다

예전에는 개들을 풀어 놓고 키워서 개똥이 길거리에 많았어요. 개똥은 흔하지만, 보잘것없고, 가치도 없는 거예요. 가치 없는 개똥도 필요할 때는 찾기 힘들 듯이 '평소에 흔한 것도 필요한 곳에 사용하려면 못 구한다'라는 뜻으로 쓰여요.

비슷한 격언

There are no cops around when I need them.
내가 필요할 때 주변에 경찰이 없다.

11 겉 다르고 속 다르다

겉으로 보이는 모습과 속마음이 다르다면 어떨까요? 이 속담은 '겉으로 드러나는 행동과 마음속으로 품고 있는 생각이 서로 달라서 사람의 됨됨이가 바르지 못함'을 뜻하는 말로 쓰여요. 우리는 바른 마음을 가진 사람이 되어야겠어요.

비슷한 격언

All that glitters is not gold. 반짝인다고 다 금은 아니다.

12 고래 싸움에 새우 등 터진다

고래는 새우와 비교하면 몸집이 큰 동물이에요. '고래처럼 힘이 세고 강한 사람이 싸울 때 새우처럼 힘이 없는 사람이 피해를 보거나, 싸움과 상관없는 사람이 피해를 보는 경우'를 일컫는 말이에요. 우리 생활에서 이런 경험이 있는지 살펴보아요.

 **비슷한 격언**

An innocent bystander gets hurt in a fight.
싸움으로 무고한 구경꾼들이 다쳤다.

13 고생 끝에 낙이 온다

여기서 '낙'은 즐거움을 뜻해요. '어려운 일이나 힘든 일을 겪고 나면 반드시 좋은 일이 생긴다'라는 말로, 살면서 힘든 일을 겪어도 끝까지 참고 어려움을 넘어가라는 희망적인 말이에요. 지금의 어려움은 끝이 아니니, 힘들어도 웃어 보세요.

오랜만에 놀이터에서 놀아 본다.

유치원 때 생각나지 않아?

윤아가 높은 곳 무서워 울었잖아.

맞아, 울다가 오줌 쌌어~.

어, 언제! 너흰 7살까지 바지에 오줌 쌌잖아.

우리가 언제?

앗! 늦었다.

우리야, 어디 가?

내일 단원 평가잖아.

뭐, 단원 평가?

비슷한 격언
Every cloud has a silver lining. 모든 구름은 빛 테두리를 갖고 있다.

14 공든 탑이 무너지랴

탑을 쌓는 것은 정성과 시간이 들어가는 힘든 일이에요. 정성을 다한 탑은 쉽게 무너지지 않는 것처럼 '정성을 다한 일은 반드시 헛되지 않다'라는 의미로 사용되고 있어요. 무엇이든 최선을 다해야 좋은 결과를 얻을 수 있다는 말이에요.

비슷한 격언

A man's labors will be crowned with success.
사람의 노력은 성공으로 귀결된다.

15 구더기 무서워 장 못 담글까

장은 우리나라를 대표하는 음식 중 하나예요. 고추장, 된장 등은 보관하기가 쉽지 않고, 장이 싱거우면 구더기가 생기기도 해요. '구더기 무서워 장 못 담글까'는 '방해가 되는 것이 있다 하더라도 마땅히 해야 할 일은 해야 함'을 이르는 말이에요.

비슷한 격언

He who makes no mistakes makes nothing.
실수하지 않는 사람은 아무 일도 못 한다.

16 구슬이 서 말이라도 꿰어야 보배

한 말은 약 18리터에 해당하는 양이에요. 아름다운 보석으로 만든 구슬이 서 말이나 되어도 꿰어서 목걸이나 반지로 만들어야 가치가 있어요. '아무리 좋은 물건도 다듬어야 가치 있다'라는 말이에요.

비슷한 격언

Nothing is complete unless you put it in final shape.
당신이 그것을 최종적인 형태로 배열해야 비로소 그것은 완벽해진다.

17 굼벵이도 구르는 재주가 있다

굼벵이는 몸통이 짧고 통통한 벌레로 행동이 느린 사람을 비유적으로 표현하기도 해요. 이 속담은 '무언가 잘하지 못하는 사람도 저마다 타고난 재주는 한 가지 있음'을 뜻하는 말이에요. 사람마다 잘하는 게 있다는 말로 사용되어요.

비슷한 격언

Every man for his own trade. 누구나 잘하는 게 있다.

18 금강산도 식후경

금강산은 예로부터 우리나라의 아름다운 산 중 하나로 꼽혔어요. 아름다운 산인 금강산을 구경한다고 해도 배가 고프면 감상이 제대로 될까요? 이 속담은 '아무리 재미있고 볼만한 일이 있어도 배가 불러야 흥이 난다'라는 말이에요.

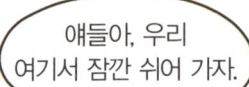

비슷한 격언

A loaf of bread is better than song of many birds.
빵 한 조각이 많은 새의 노랫소리보다 낫다.

19 까마귀 날자 배 떨어진다

까마귀가 날아가려는 순간에 앉아 있던 배나무의 배가 떨어진 상황이에요. 이 속담은 '내가 하지 않았는데, 아무 관계없는 일이 우연히 동시에 일어나 의심을 받을 때' 사용하는 말이에요.

비슷한 격언

It is just a coincidence that two events have happened at the same time. 두 사건이 동시에 일어난 것은 그저 우연의 일치일 뿐이다.

20 꾸어다 놓은 보릿자루

이 속담은 '여러 사람이 모여 있는 곳에서 아무런 말도 하지 않고 자리만 지키고 있는 사람'을 두고서 하는 말이에요. 낯선 환경에 갔을 때 꾸어다 놓은 보릿자루 같던 적이 있지는 않았나요?

비슷한 격언

Like a fish out of water. 물 밖에 나온 고기.

21 꿩 먹고 알 먹기

꿩과 함께 알까지 잡으면 두 배의 효과가 있어요. 한 번 일해서 두 배의 소득을 얻는다면 기분이 좋을 거예요. 이 속담은 한 가지 일을 하여 두 가지 이상의 이익을 보게 될 때 사용해요. 우리도 꿩 먹고 알 먹었던 경험이 있는지 떠올려 보세요.

비슷한 격언

Kill two birds with one stone. 한 개의 돌로 두 마리 새를 죽인다.

22 남의 잔치에 감 놓아라 배 놓아라 한다

남의 잔치에 가서 감은 여기다 놓아라, 배는 저기다 놓아라 하며 이러쿵저러쿵 지시하고 간섭한다면 무례한 행동이에요. '자신과 상관없는 남의 일을 간섭하고 나선다는 의미'로 쓰여요.

비슷한 격언

If it ain't broke, don't fix it. 물건이 고장 나지 않았으면 고치지 말아라.

23 낫 놓고 기역 자도 모른다

한글의 기역은 누구나 쉽게 아는 글자예요. '기역'은 농사지을 때 사용하는 낫과 닮아서 낫을 보면 기역을 떠올릴 수밖에 없어요. 이 속담은 아주 쉬운 문제인데 맞추지 못할 때 쓰여요.

우리야, 이 수학 문제 좀 풀어 줘.

난 문제부터 이해가 안 돼. 서술형 문제는 너무 어려워.

어디 볼까? 서술형은 문제 이해가 중요해.

우리야, 이건? 이건? 이 문제도 풀어 줘~.

윤아야, 아까랑 같은 방식의 문제잖아. 똑같은 방법으로 풀어 봐.

그, 그래?

비슷한 격언

He dose not know A from B. 그는 A와 B를 구별하지 못한다.

24 낮말은 새가 듣고 밤말은 쥐가 듣는다

새와 쥐가 사람의 말을 알아듣는 것은 아니지만, 비밀은 어떻게든지 퍼져나갈 수 있으니, '아무도 안 듣는 데서라도 말할 때 조심하라'는 뜻이에요.

 **비슷한 격언**

Walls have ears. 벽에도 귀가 있다.

25 내 코가 석 자

'석 자'는 90센티미터 정도의 길이를 말해요. 그런데 내 코가 90센티미터라면 다른 사람을 도와줄 수 있을까요? 이 속담은 '자신의 처지가 곤란해서 남의 사정을 들어 주고 돌볼 겨를이 없다'라는 말로 쓰여요.

비슷한 격언

I have my own fish to fry. 나는 구어야 할 생선이 있다.

26 누워서 침 뱉기

침을 뱉는 행위는 보기에도 불결하고 나쁜 행동이에요. 만약에 누워서 침을 뱉으면 어떨까요? 침이 자기 얼굴에 떨어져서 본인만 더럽게 되어요. 이 속담은 '자기 말과 행동이 오히려 자신에게 해가 될 수 있다'라는 말이에요.

 **비슷한 격언**
Cut off your nose to spite your face. 코를 자르면 네 얼굴을 다친다.

27 늦게 배운 도둑이 날 새는 줄 모른다

이 속담은 정말 도둑질을 배운다는 게 아니라, '나이 들어 시작한 일에 열중하여 밤이 새는 줄도 모르고 집중한다'라는 뜻으로 쓰여요.

비슷한 격언

Converts are the worst. 늦게 시작한 도둑이 새벽 다 가는 줄 모른다.

ㄷ ㄹ

28 달걀로 바위 치기 64
29 달면 삼키고 쓰면 뱉는다 66
30 닭 잡아먹고 오리 발 내놓기 68
31 닭 쫓던 개 지붕 쳐다보듯 70
32 도둑이 제 발 저리다 72
33 도토리 키 재기 74
34 돌다리도 두들겨 보고 건너라 76
35 되로 주고 말로 받는다 78
36 될성부른 나무는 떡잎부터 알아본다 80
37 등잔 밑이 어둡다 82
38 떡 줄 사람은 꿈도 안 꾸는데 김칫국부터 마신다 84
39 똥 묻은 개가 겨 묻은 개 나무란다 86
40 마른하늘에 날벼락이다 88
41 말이 씨가 된다 90
42 말 한마디로 천 냥 빚을 갚는다 92
43 모난 돌이 정 맞는다 94
44 모르면 약이요 아는 게 병 96
45 목마른 놈이 우물 판다 98
46 못 먹는 감 찔러나 본다 100
47 무소식이 희소식 102
48 물에 빠지면 지푸라기라도 잡는다 104
49 물에 빠진 놈 건져 놓으니까 내 봇짐 내라 한다 106
50 미꾸라지 한 마리가 온 웅덩이를 흐린다 108
51 미운 아이 떡 하나 더 준다 110
52 믿는 도끼에 발등 찍힌다 112
53 밑 빠진 독에 물 붓기 114

28 달걀로 바위 치기

달걀로 바위를 깬다면 어떤 일이 벌어질까요? 모두 어리석은 행동이라고 비웃을 거예요. 이 속담은 '대항해도 도저히 이길 수 없는 경우'를 바위에 빗대어 비유적으로 이르는 말이에요.

게임을 하겠다고 매달려도
'안 된다' 말하는 엄마, 아빠.
용돈을 올려 달라고 해도
'안 된다' 외치는 엄마,
공부 안 하겠다고 하면
'그건 절대로 안 된다' 말하는
엄마, 아빠.
엄마, 아빠는 커다란 바위,
그 앞에 나는 부서지기 쉬운 달걀.
어머니, 오늘은 학원 쉴래요.
제발요~. 네?

비슷한 격언

Bring a knife to a gun fight. 총싸움에 칼을 가져오다.

29 달면 삼키고 쓰면 뱉는다

음식이 달면 삼키고 쓰면 뱉어 버리는 행동은 자기 멋대로 행동하는 것을 의미해요. '옳고 그름을 자기 기준으로 판단하여 자기 입맛에 맞는 것만 선택하여 받아들인다' 라는 뜻으로 사용해요.

비슷한 격언

When good cheer is lacking, our friends will be packing.
맛있는 음식이 없으면 친구들이 떠날 것이다.

30 닭 잡아먹고 오리 발 내놓기

남의 닭을 잡아먹고서 자신이 잡아먹지 않았다고 하면서 오리 발을 내놓는 상황을 말해요. 이 속담은 '옳지 못한 일을 저질러 놓고 엉뚱한 수작으로 속여 넘기려 한다'라는 뜻으로 쓰여요. 남을 속이는 것보다는 솔직한 게 좋아요.

 비슷한 격언

Honesty is the policy. 정직이 최상의 방책이다.

31 닭 쫓던 개 지붕 쳐다보듯

닭을 쫓던 개가 닭이 지붕으로 도망쳐서 올라가자 지붕 위를 쳐다보고만 있는 상황이에요. 이 속담은 '공들이고 애쓰던 일이 실패로 돌아가거나, 남보다 뒤떨어져서 어쩔 도리가 없다'라는 뜻을 비유적으로 이르는 말이에요.

비슷한 격언

After acting, wishing is in vain. 해 보았지만, 바라는 바가 헛수고가 되었다.

32 도둑이 제 발 저리다

이 속담은 양심에 찔려 마음이 불안할 때를 표현해요. '자기 잘못이 들킬까 봐 마음이 조마조마하고 편하지 않은 상황'을 뜻하는 말이에요.

비슷한 격언

A guilty conscience needs no accuser.
죄지은 양심은 고발자가 필요 없다.

33 도토리 키 재기

도토리는 아기의 손아귀에도 들어올 정도로 작은 열매예요. 사실 도토리 키를 잰다는 것 자체가 웃긴 상황이에요. 이 속담은 '실력이나 정도가 비슷비슷한 사람끼리 서로 다투는 경우'를 일컫는 말이에요.

비슷한 격언

Not much of a difference. 거기서 거기다.

34 돌다리도 두들겨 보고 건너라

돌다리는 튼튼해서 무너질 염려가 없는데 돌다리를 두들겨 보라는 이유는 무엇일까요? 이 속담은 '잘 알고 익숙한 것이라도 꼼꼼하게 살펴보라'는 뜻이에요. 세심하게 주의를 기울이면 실수가 더 적어질 거예요.

비슷한 격언
Look before you leap. 뛰기 전에 보아라.

35 되로 주고 말로 받는다

'되'는 곡식을 재는 단위로 1.8리터 정도를 뜻해요. '말'은 18리터 정도로 '되'보다 열 배 되는 부피예요. 이 속담은 '1.8리터 주고 18리터 받는다'라는 의미로 '조금 주고 그 대가로 몇 곱절 많이 받는 경우'에 쓰여요.

비슷한 격언
Sow the wind and reap a whirlwind. 바람을 뿌리고 회오리를 거둔다.

36 될성부른 나무는 떡잎부터 알아본다

씨앗이 싹 터서 처음 나오는 잎을 '떡잎'이라고 불러요. 떡잎을 보면 영양분이 충분히 들어 있어서 잘 자랄지 못 자랄지 알 수 있다고 해요. '사람도 장래에 크게 될 사람은 어려서부터 남다르다'라는 뜻으로 사용되는 속담이에요.

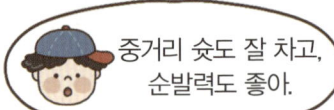

비슷한 격언

Sandalwood is fragrant even in seed leaf.
백단향은 떡잎에서도 향기가 난다.

37 등잔 밑이 어둡다

옛날에는 전기가 없어서 등잔을 사용했어요. 그런데 등잔은 주변이 밝지만 등잔 바로 아래는 그늘져서 잘 보이지 않아요. 이 속담은 '가까이 있어서 오히려 알아보지 못하거나 찾지 못할 경우'에 이르는 말이에요.

 **비슷한 격언**

The foot of the candle is dark. 양초의 바닥이 어둡다.

38 떡 줄 사람은 꿈도 안 꾸는데 김칫국부터 마신다

옛날에는 시원한 음료가 없어서 떡과 함께 김칫국을 마셨다고 해요. 이 속담은 '상대방은 생각하지도 않는데 경솔하게 미리 생각해서 제멋대로 행동하는 것'을 일컬어 말해요.

비슷한 격언

Don't count your chickens before they're hatched.
알이 부화하기도 전에 닭을 세지 마라.

39 똥 묻은 개가 겨 묻은 개 나무란다

이 속담은 '다른 사람보다 더 큰 결점을 갖고 있으면서 상대방의 작은 결점을 흉볼 때' 사용하는 말이에요.

비슷한 격언

The pot calls the kettle black. 냄비가 주전자 보고 검다고 한다.

40 마른하늘에 날벼락이다

마른하늘 즉 맑은 하늘에 벼락이 치는 것은 있을 수 없는 일이에요. 우리도 살면서 예상하지 못한 일들을 경험하고 놀랐던 적이 있었나요? 이 속담은 '뜻하지 않은 일이 갑자기 닥치는 것'을 의미해요.

 **비슷한 격언**

The unexpected always happens. 예상치 못한 일은 항상 일어난다.

41 말이 씨가 된다

하찮게 내뱉은 말이 실제로 이뤄지는 것을 볼 수 있어요. 그래서 긍정적인 말과 긍정적인 생각을 많이 하면서 씨를 뿌리면 현실에서 긍정적인 열매를 볼 수 있답니다. '늘 말하던 것이 마침내 사실대로 되었다'라는 뜻이에요.

비슷한 격언

Be careful what you wish for. 바라는 것이 있다면 조심해라.

42 말 한마디로 천 냥 빚을 갚는다

이 속담은 '말 한마디에 어떤 어려움도 해결할 수 있다'라는 의미예요. 불가능한 일, 어려운 일을 헤쳐 나갈 정도로 말 한마디의 힘은 크답니다.

비슷한 격언

A word of kindness is better than a fat pie.
친절한 말 한마디가 기름기 있는 파이보다 낫다.

43 모난 돌이 정 맞는다

모난 돌은 쑥 나온 귀퉁이가 있는 돌이에요. 그래서 필요한 용도에 맞게 석공이 정으로 때려서 모양을 만들지요. 이 속담은 '능력이 너무 뛰어나거나 인간관계가 좋지 못한 사람은 남에게 미움을 받을 수 있다'라는 의미로 쓰여요.

비슷한 격언

The tallest blade of grass is the first to be cut.
가장 높은 풀잎이 가장 먼저 베인다.

44 모르면 약이요 아는 게 병

아무것도 모르면 답답한가요? 하지만 어떤 경우는 차라리 모르는 게 마음이 편할 수 있어요. 이 속담은 '너무 많이 알아도 걱정이 많고 해로울 수 있다'라는 뜻이에요.

비슷한 격언

Ignorance is bliss. 무식은 축복이다.

45 목마른 놈이 우물 판다

옛날에는 우물을 파야 필요한 물을 얻을 수 있었어요. 아무도 우물을 파지 않는다면 물이 급하게 필요한 사람이 우물을 팠겠지요. '무슨 일이든 가장 급하고 필요한 사람이 그 일을 서둘러 하게 된다'라는 의미로 쓰여요.

비슷한 격언

He that would eat the fruit must climb the tree.
과일을 먹으려는 자는 나무에 올라가야 한다.

안 되겠다. **목마른 놈이 우물 판다고,** 내가 가서 간식 사 올게.

윤아가 달리기를 저렇게 잘했나?

배드민턴 칠 땐 기어 다니더니, 배고프니 날아가네!

우아, 빠르다.

46 못 먹는 감 찔러나 본다

감을 찔러 놓으면 못 먹게 되지요. 내가 먹을 수 없는 감이라고 남도 못 먹게 찔러 놓으면 어떨까요? 내가 할 수 없다고 남도 못 하게 만들면 안 되겠지요. 제 것으로 만들지 못하면 남도 갖지 못하게 못쓰게 만들자는 뒤틀린 마음을 이르는 말이에요.

비슷한 격언

I am sure the grapes are sour. 저 포도는 틀림없이 시큼한 포도이다.

47 무소식이 희소식

이 속담은 '소식이 없는 게 기쁜 소식이나 다름없음'을 나타내요. 아무 소식이 없더라도 오히려 평안하게 잘 지내고 있으니 염려 말라는 의미예요.

비슷한 격언

No news is good news. 무소식이 희소식이다.

48 물에 빠지면 지푸라기라도 잡는다

물에 빠지면 살기 위해 허우적거리며 무엇이든 잡고 빠져나오려 해요. 이 속담은 '위급한 상황에 무엇이나 닥치는 대로 잡고 늘어지게 되는 상황'을 말해요.

비슷한 격언

A drowning man will catch at a straw. 물에 빠지면 지푸라기라도 잡는다.

49 물에 빠진 놈 건져 놓으니까 내 봇짐 내라 한다

옛날에는 가방이 없어서 보자기에 짐을 싸서 끈으로 이어서 등에 지고 다녔어요. 이것을 '봇짐'이라고 불러요. 이 속담은 '물에 빠진 사람을 도와줬는데, 고마워하지 않고, 오히려 실수를 꼬투리 삼아 원망하는 사람'을 두고 하는 말이에요.

비슷한 격언

Save a stranger from the sea and he'll turn into your enemy.
낯선 사람을 바다에서 구해 주면, 그는 당신의 적으로 돌변할 것이다.

50 미꾸라지 한 마리가 온 웅덩이를 흐린다

미꾸라지는 웅덩이에서 온몸을 좌우로 흔들며 헤엄을 치기 때문에, 웅덩이 바닥에 가라앉은 흙들이 일어나 맑은 물이 온통 흐려져요. 이 속담은 '잘못 행동해서 가족이나 집단에 피해를 주는 사람'을 두고 하는 말이에요.

비슷한 격언

One rotten apple spoils the barrel. 썩은 사과 한 개가 통 전체를 못 쓰게 한다.

51 미운 아이 떡 하나 더 준다

미운 사람에게 떡을 주는 것은 왜일까요? 미운 짓을 하는 아이에게 회초리로 때리는 것보다 잘해 주는 게 오히려 교훈이 될 수 있어요. 아이를 야단치는 것보다 부드럽게 대하는 게 엇나가지 않게 한다는 말이에요.

비슷한 격언

Kill your enemy with kindness. 적이라도 친절하게 죽여라.

52 믿는 도끼에 발등 찍힌다

매일 쓰는 익숙한 도끼에 발등을 찍힌 것처럼 믿었던 사람에게 배신을 당한다면 기분이 어떨까요? 이 속담은 '잘 되리라고 믿었던 일이나 사람에게 실망하고 배신과 실패를 경험할 때' 사용하는 말이에요.

비슷한 격언

Stabbed in the back. 등이 칼에 찔리다.

53 밑 빠진 독에 물 붓기

바닥이 깨진 항아리에 물을 붓는다면 어떤 일이 벌어질까요? 아무리 부어도 항아리는 채워지지 않을 거예요. 이 속담은 '아무리 애써서 하더라도 보람 없이 헛된 일이 되는 상태'를 말해요.

비슷한 격언

It's like pouring water in a sieve. 체에 물을 퍼붓는 것과 같다.

54 바늘 가는 데 실 간다 118
55 바늘 도둑이 소도둑 된다 120
56 발 없는 말이 천 리 간다 122
57 방귀 뀐 놈이 성낸다 124
58 배보다 배꼽이 더 크다 126
59 백지장도 맞들면 낫다 128
60 벼룩도 낯짝이 있다 130
61 벼 이삭은 익을수록 고개를 숙인다 132
62 병 주고 약 준다 134
63 비 온 뒤에 땅이 굳어진다 136
64 빈 수레가 요란하다 138
65 빛 좋은 개살구 140
66 사공이 많으면 배가 산으로 간다 142
67 새 발의 피 144
68 서당 개 삼 년에 풍월을 읊는다 146
69 세 살 적 버릇이 여든까지 간다 148
70 소 잃고 외양간 고친다 150
71 쇠귀에 경 읽기 152
72 쇠뿔도 단김에 빼랬다 154
73 수박 겉 핥기 156
74 숭어가 뛰니까 망둥이도 뛴다 158
75 식은 죽 먹기 160
76 신선놀음에 도낏자루 썩는 줄 모른다 162

54 바늘 가는 데 실 간다

바느질할 때 꼭 필요한 게 바늘과 실이에요. 바늘과 실처럼 '떨어지지 않고 꼭 붙어 다닌다'는 뜻으로, 아주 친하고 긴밀한 관계를 의미해요. 친한 친구 사이를 일컬어 '바늘 가는 데 실 간다'고 말하기도 하지요. 우리에게 친한 친구를 떠올려 봐요.

비슷한 격언

Birds of a feather flock together. 날개가 같은 새들은 함께 다닌다.

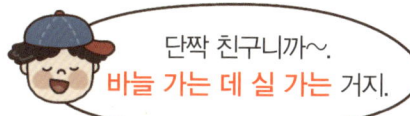

55 바늘 도둑이 소도둑 된다

바늘은 작고 사소해서 없어져도 모르는 물건이에요. 이렇게 작은 물건이라도 반복적으로 훔치게 되면 결국은 나쁜 습관이 자리 잡혀 나중에 커다란 소까지 훔치는 도둑이 될 수 있음을 비유적으로 이르는 말이에요.

비슷한 격언

He that will steal an egg will steal on ox. 달걀을 훔치려는 자는 소도 훔친다.

56 발 없는 말이 천 리 간다

여기서 말은 달리는 말이 아니라, 입 밖으로 나온 말을 의미해요. '말은 발이 없지만 천 리까지 순식간에 퍼진다'라는 뜻으로 사용되고 있어요. 소문은 빨리 퍼지니, 말을 할 때 정확하고 조심스럽게 사용할 필요가 있어요.

비슷한 격언

News travels fast. 나쁜 소식은 빨리 퍼진다.

57 방귀 뀐 놈이 성낸다

사람들 앞에서 방귀를 뀌고 창피해서 다른 사람에게 화를 낸다면 어떨까요? 이 속담은 '자기가 잘못해 놓고 오히려 다른 사람에게 성내는 것'을 의미해요.

 **비슷한 격언**

Get angry at others for ones own mistakes.
자기 실수에 대해 다른 사람에게 화낸다.

58 배보다 배꼽이 더 크다

배꼽은 배 가운데 있는 작은 부위예요. 그런데 마땅히 작아야 할 부위가 배보다 크다는 것은 말이 안 되지요. '기본이 되는 것보다 덧붙이는 게 더 많거나 큰 경우'를 비유적으로 이르는 말이에요. 발보다 발가락이 크다는 비슷한 말도 있어요.

 **비슷한 격언**

The tail is wagging the dog. 꼬리가 개를 흔들고 있다.

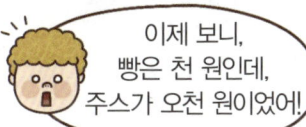

59 백지장도 맞들면 낫다

이 속담은 아무리 쉽더라도 협력하라는 의미가 담겨 있어요. 백지를 드는 것처럼 아주 쉬운 일이라도 서로 도와준다면 훨씬 수월하게 일을 완성할 거예요.

 **비슷한 격언**

Many hands makes light work. 여러 손이 일을 가볍게 만든다.

60 벼룩도 낯짝이 있다

낯짝은 '얼굴'을 낮추어 이르는 말로 염치, 체면을 가리켜요. 아주 작은 벼룩도 낯짝, 즉 염치와 체면을 아는데, 사람이 염치, 체면, 양심을 모르면 안 되겠지요. '잘못을 저질러 놓고 너무 뻔뻔하게 행동하는 사람'을 일컬어 사용해요.

비슷한 격언

A weasel has a face. 족제비도 낯짝이 있다.

61 벼 이삭은 익을수록 고개를 숙인다

벼는 익을수록 알맹이가 꽉 차서 아래로 고개를 숙여요. 익은 벼처럼 '학식이 뛰어나고 소양을 쌓은 사람일수록 겸손해야겠지요. '학식이 풍부한 사람일수록 남의 앞에서 자신을 내세우지 않는다'라는 뜻으로 쓰이고 있어요.

비슷한 격언

The boughs that bear most hang lowest.
열매 많은 가지는 밑으로 처진다.

62 병 주고 약 준다

병에 걸리게 하고서 약을 주며 그 사람을 구한다는 뜻이에요. 누군가 원인을 제공하고 남에게 피해를 준 뒤에 약을 주고 위로한다면 어떨까요? 교활한 사람의 행동을 비꼬는 표현으로 사용되고 있어요.

비슷한 격언

Giving one roast meat, and beat him with the spit.
불고기 하나를 주고, 침을 뱉는다.

63 비 온 뒤에 땅이 굳어진다

비가 오면 비에 젖어 땅이 무르던 것이 비가 개고 흙이 마르면 굳어지고 단단해지는 것을 볼 수 있어요. '어떤 시련을 겪고 나면 내면이 더 강해지고 단단해짐'을 비유적으로 이르는 말이에요.

비슷한 격언

After a storm comes a calm. 폭풍 후에는 고요가 찾아온다.

64 빈 수레가 요란하다

물건 없이 비어 있는 수레를 끌고 가면 덜컹거리는 소리가 요란해요. 아무것도 없는 빈 수레처럼 '별 볼 일 없는 사람이 호언장담하고 큰소리만 치면서 실속 없는 경우'를 일컫는 말이에요.

비슷한 격언

Empty vessels make the most sound. 빈 그릇은 가장 시끄러운 소리를 낸다.

65 빛 좋은 개살구

개살구는 맛있어 보이고 빛깔도 좋지만, 맛이 없고 시큼해요. '빛 좋은 개살구'는 개살구처럼 '겉모양만 그럴듯하고 실속 없는 경우'를 말해요. 물건을 고르거나, 사람을 판단할 때 외모와 겉모양만 보고 판단하는 것은 어리석다는 의미예요.

비슷한 격언

Beauty is but skin deep. 미인은 한 꺼풀에 지나지 않는다.

66 사공이 많으면 배가 산으로 간다

배를 움직이는 사람이 많으면 배가 가고자 하는 물로 가지 않고 산으로 올라갈 거예요. 일을 할 때 책임지는 사람 없이 '여러 명이 자기주장만 내세우면 일이 제대로 완성되기 어렵다'라는 뜻이에요.

모둠별로 과학 실험하고 보고서 쓰는 거 잊지 마세요.

음, 뭐부터 해야 하지?

내가 실험 도구를 준비할게!

난 실험 과정을 적을게.

그럼, 내가 실험할게.

이제 시작한다~. 먼저 스포이트로!

잠깐, 스포이트에 뭐 묻었나 잘 봐.

아, 알았어.

비슷한 격언

Too many cooks spoil the broth. 너무 많은 요리사가 수프를 망친다.

67 새 발의 피

새의 발은 무척 가늘어요. 가느다란 새의 발에서 피가 나오면 얼마나 나오겠어요? 새 발의 피는 아주 작고 보잘것없는 것을 강조한 거예요. 이 속담은 '하찮고 일의 분량이 적은 것'을 비유적으로 표현한 말이에요.

비슷한 격언

A drop in the bucket. 양동이 안의 물 한 방울.

68 서당 개 삼 년에 풍월을 읊는다

학문을 공부하는 서당에서 키우는 개도 삼 년이 지나면 얻어들은 지식으로 글 읽는 흉내를 낸다는 말이에요. 이 말은 '학식이 없고 아는 게 없는 사람이라도 한 분야에 오랫동안 있으면 어느 정도 지식과 경험이 생긴다'라는 뜻으로 쓰여요.

비슷한 격언

The sparrow near a school sings the primer.
학교 가까이 있는 참새는 입문서를 노래할 수 있다.

69 세 살 적 버릇이 여든까지 간다

말 그대로 세 살에 생긴 버릇이 여든 살까지 간다는 말이에요. 한번 생긴 버릇은 그만큼 고치기 어려워요. 특히 어릴 때 나쁜 버릇이 생기지 않도록 조심하며, 좋은 습관이 생기게 해야 한다는 뜻으로 쓰여요.

비슷한 격언

What's learned in the cradle is carried to the grave.
요람에서 배운 것은 무덤까지 간다.

70 소 잃고 외양간 고친다

소도둑에게 소를 잃고서 외양간을 다시 튼튼하게 고치면 소가 돌아올까요? 이 속담은 '일이 이미 잘못된 뒤에 손을 써도 소용없음'을 뜻하는 말이에요. 잘못된 일이 없도록 미리 대비하는 자세가 중요해요.

비슷한 격언

After death, to call the doctor. 죽은 후에 의사를 부르다.

71 쇠귀에 경 읽기

쇠귀에 불경을 읽혀도 소는 전혀 알아듣지 못해요. 이처럼 '아무리 가르치고 일러 주어도 알아듣지 못함'을 이르는 말이에요. 우리도 '쇠귀에 경 읽기'처럼 똑같은 말을 반복해 들어도 고쳐지지 않는 게 있을까요?

오빠~, 뭐 하는 거야?

컴퓨터로 인터넷!

오빠! 오빠! 요기 동그란 건 뭐야?

Chrome

아~, 이건 크롬이라고 해.

크롱?

크롱이 아니고……. 크롬! 구글 크롬.

크로오옹?

으이구! 답답해. 크롬이라고! '롱' 아니고 '롬'!

비슷한 격언

In one ear and out the other. 한 귀로 듣고 한 귀로 나간다.

153

72 쇠뿔도 단김에 빼랬다

'어떤 일을 하려고 생각했으면 한창 열이 올랐을 때 망설이지 말고 행동으로 옮겨야 함'을 비유적으로 표현한 말이에요. 어떤 상황에서든 기회를 붙잡는 자세를 배워야 해요.

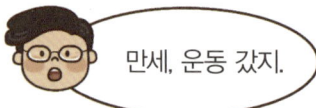

 비슷한 격언

Strike while the iron is hot. 쇠가 뜨거울 때 두드려라.

73 수박 겉 핥기

수박을 먹으려면 수박을 쪼개서 맛있게 속을 먹어야 진짜로 먹는 거예요. '수박 겉 핥기'는 '사물의 속 내용은 모르고 겉만 건드리는 일'을 비유적으로 이르는 말이에요.

비슷한 격언

A spoon does not know the taste of soup, nor a learned fool the taste of wisdom.
숟가락이 국의 맛을 알지 못하듯이, 학식이 있는 바보도 지혜의 맛을 알지 못한다.

74 숭어가 뛰니까 망둥이도 뛴다

숭어는 높이 뛸 수 있지만 망둥이는 따라서 뛰고 싶어도 높이 뛸 수 없어요. 이 속담은 '자신의 처지는 생각하지도 않고 잘난 사람을 무조건 따라 하는 무분별한 행동'을 비유적으로 이르는 말이에요.

비슷한 격언

Cut your coat a according to your cloth.
네 옷에 따라서 네 코트를 잘라라.

75 식은 죽 먹기

뜨거운 죽을 먹는 건 쉽지 않아요. 그러나 식은 죽은 먹기에 편하고 쉬워요. 이 말은 '무엇을 거리낌 없이 아주 쉽게 하는 것'을 이르는 말이에요. 하지만 너무 쉽다고 우습게 생각하면 안 돼요. 쉽지만 신중하게 행동하는 것도 잊으면 안 되겠지요.

 **비슷한 격언**

It's a piece of cake. 케이크 한 조각.

76 신선놀음에 도낏자루 썩는 줄 모른다

나무꾼이 바둑을 두다가 도낏자루가 썩는 줄 몰랐다는 이야기가 있어요. 이 속담은 '자신이 관심 있고, 재미있어하는 일에 정신이 팔려 시간 가는 줄 모르는 경우'를 일컫는 말이에요.

비슷한 격언

Time is flying never to return. 시간은 화살처럼 빨리 흐른다.

77 아니 땐 굴뚝에 연기 날까 166
78 아닌 밤중에 홍두깨 168
79 언 발에 오줌 누기 170
80 열 번 찍어 아니 넘어가는 나무 없다 172
81 우물 안 개구리 174
82 우물을 파도 한 우물을 파라 176
83 웃는 얼굴에 침 뱉으랴 178
84 원수는 외나무다리에서 만난다 180
85 원숭이도 나무에서 떨어진다 182
86 윗물이 맑아야 아랫물이 맑다 184
87 입에 쓴 약이 병을 고친다 186
88 자라 보고 놀란 가슴 솥뚜껑 보고 놀란다 188
89 작은 고추가 더 맵다 190
90 재주는 곰이 넘고 돈은 주인이 받는다 192
91 제 방귀에 제가 놀란다 194
92 쥐구멍에도 볕 들 날 있다 196
93 지렁이도 밟으면 꿈틀한다 198
94 천 리 길도 한 걸음부터 200
95 콩 심은 데 콩 나고 팥 심은 데 팥 난다 202
96 티끌 모아 태산 204
97 팔이 안으로 굽지 밖으로 굽나 206
98 하룻강아지 범 무서운 줄 모른다 208
99 호랑이도 제 말 하면 온다 210
100 호박이 넝쿨째로 굴러떨어졌다 212

77 아니 땐 굴뚝에 연기 날까

아궁이에 불을 때면 굴뚝에서 연기가 나와요. '아궁이와 불'처럼 모든 일에는 그 일이 일어나는 원인이 있기 마련이에요. 이 속담은 '반드시 그렇게 될 만한 이유와 원인이 있음'을 말하고 있어요.

비슷한 격언
No smoke without fire. 불 없이는 연기가 나지 않는다.

78 아닌 밤중에 홍두깨

홍두깨는 옛날에 다듬이질할 때 사용하는 방망이 같은 도구예요. 이 속담은 전혀 생각하지 않은 일이나, 뜻밖의 일을 당할 때 그리고 엉뚱한 말이나 행동을 하는 경우에 쓰여요.

비슷한 격언

A great surprise unexpected. 뜻밖의 엄청난 놀라움.

79 언 발에 오줌 누기

추운 겨울에 언 발을 녹이려고 오줌을 눈다면 어떤 일이 벌어질까요? 당장은 따뜻한 것 같지만 오줌이 얼면서 발이 더 시려요. 이 속담은 '어떤 일을 해결하려고 했지만 잠깐 도움이 될 뿐, 효력이 바로 사라지는 것'을 빗대어 사용하는 말이에요.

비슷한 격언

Kill not the goose that lays the golden eggs.
당장 배가 고프다고 황금알 낳는 거위를 죽이지 마라.

80 열 번 찍어 아니 넘어가는 나무 없다

옛날에는 나무를 도끼로 쪼개어 잘랐는데 아무리 크고 굵은 나무라도 여러 번 찍으면 넘어갔어요. '나무처럼 뜻이 굳은 사람이라도 여러 번 권하거나 어르면 마음이 바뀐다'라는 뜻으로 사용해요.

비슷한 격언

Little strokes fell great oaks. 열 번 찍어 안 넘어가는 나무 없다.

81 우물 안 개구리

우물 안에서만 사는 개구리는 우물 밖을 나가 보지 않아서 우물 안 세상이 전부라고 생각해요. 이 속담은 '넓은 세상은 알지 못하고 학식이 좁아서 자신만 잘난 줄 아는 사람'을 일컫는 말이에요.

비슷한 격언

The frog in the well knows nothing of the great ocean.
우물 안 개구리는 대양에 대해 아무것도 모른다.

82 우물을 파도 한 우물만 파라

우물을 파려면 한 군데를 깊이 파야 물을 얻을 수 있어요. '하던 일을 자꾸 바꾸는 게 아니라, 한 곳에서 오랫동안 일해야 좋은 결과를 얻을 수 있다'라는 의미예요.

비슷한 격언

Jack of all trades, master of none.
모든 직업을 가진 잭은 어떤 일의 거장도 아니다.

83 웃는 얼굴에 침 뱉으랴

화를 내고 싶어도 웃는 얼굴을 보면 기분이 풀어지고 화를 낼 수 없을 때가 있어요. 이 속담은 '웃으면서 친절하게 대하는 사람에게 화를 내고 나쁘게 할 수 없다'라는 의미로 사용되어요.

비슷한 격언

A soft answer turned away wrath. 부드러운 답변은 대단한 화도 쫓아 버린다.

84 원수는 외나무다리에서 만난다

외나무다리는 마주 오는 사람과 만났을 때 피할 수 없는 다리예요. 이런 곳에서 평소에 보기 싫은 사람을 만난다면 어떨까요? 이 속담은 '보기 싫은 사람을 피할 수 없는 상황에서 맞닥뜨리게 되는 것'을 비유적으로 표현한 말이에요.

비슷한 격언

Encounter one's enemy at the worst place and at the worst time.
최악의 장소와 최악의 시기에 적과 마주친다.

85 원숭이도 나무에서 떨어진다

원숭이는 나무 타기의 명수지만 실수하면 나무에서 떨어진다는 뜻이에요. 이 속담은 '어느 분야든 일을 잘하는 사람도 실수를 할 수 있음'을 비유적으로 표현한 말이에요. 자신이 잘하는 분야에서 누구나 실수할 수 있으니 자만하지 말라는 의미로 쓰여요.

비슷한 격언

Even Homer sometimes nods. 호머(시인)도 졸 때가 있다.

86 윗물이 맑아야 아랫물이 맑다

물은 위에서 아래로 흘러요. 위에 있는 물이 맑고 오염되지 않아야 아래에 있는 물도 깨끗하지요. 사람도 마찬가지예요. '윗사람이 바르고 정직하면 아랫사람도 보고 배워서 정직하게 된다'라는 말이에요.

비슷한 격언

The fish always stinks from the head downwards.
생선은 항상 머리부터 아래쪽으로 썩는 냄새를 풍긴다.

87 입에 쓴 약이 병을 고친다

다른 사람으로부터 충고나 비판을 듣게 되면 기분이 어떤가요? 일반적으로 기분이 좋지는 않아요. 하지만 이런 말을 받아들이고 자기 단점을 고쳐 나간다면 발전하는 모습이 될 거예요. 환자가 먹기 싫은 쓴 약을 먹을 때 병이 낫는 것처럼요.

비슷한 격언

A good medicine tastes bitter. 좋은 약은 쓴맛이 난다.

88 자라 보고 놀란 가슴 솥뚜껑 보고 놀란다

거북과 비슷하게 생긴 자라는 등껍질이 얼핏 솥뚜껑과 비슷해요. 자라를 보고 놀란 사람은 솥뚜껑을 보고 자라인 줄 알고 놀란다는 말이에요. '어떤 것을 보고 놀란 사람은 다음에 비슷한 것만 봐도 놀라게 된다'라는 의미로 쓰여요.

비슷한 격언
A burnt child dreads the fire. 화상 입은 아이는 불을 무서워한다.

89 작은 고추가 더 맵다

고추 중에서 작은 크기의 청양고추는 크기가 큰 풋고추나 꽈리고추보다 훨씬 매운맛을 내요. 고추에 비유한 이 속담은 '몸집이 작은 사람이 큰 사람보다 재주가 뛰어난 것'을 뜻하는 말이에요.

농구 대회에 반 대표 선수를 뽑았어요. 지호, 우리~.

키가 작지만 선수로 뽑혔어.

내게도 이런 날이 오다니!

우리가 열심히 연습하더니 선수로 뽑혔구나!

그런데, 은하가 더 좋아하네?

어머나, 넌 친구가 잘됐는데, 기쁘지 않아?

별로?

비슷한 격언

Good things come in small packages. 좋은 것은 작게 포장되어 온다.

90 재주는 곰이 넘고 돈은 주인이 받는다.

서커스를 본 적 있나요? 서커스에서 곰이 고생하면서 재주를 부리는데, 돈은 곰이 아니라 곰을 소유한 주인이 벌어요. 이 속담은 '수고하고 일한 사람은 따로 있고, 그 일에 대한 이익은 다른 사람이 본다'라는 의미로 사용해요.

비슷한 격언

One man sows and another man reaps.
한 사람이 씨를 뿌리고 다른 사람이 수확한다.

91 제 방귀에 제가 놀란다

방귀를 뀌고 소리가 너무 커서 깜짝 놀라는 상황일까요? 이 속담은 '자기가 한 일로 인해 도리어 스스로 놀라는 경우'를 이르는 말이에요. 무슨 일이 벌어졌는데, 그 일로 인해 놀라게 된 경우가 있나 생각해 봐요.

비슷한 격언

I'm surprised by my fart. 제 방귀에 제가 놀란다.

92 쥐구멍에도 볕 들 날 있다

쥐구멍은 햇볕도 들어오지 못할 정도로 작은 구멍이에요. 이런 곳에도 햇볕이 들어와 환해지는 날이 온다는 의미예요. '고생스럽고 힘든 날이 있어도 언젠가는 운수 대통할 좋은 날이 온다'라는 희망적인 속담이에요.

 **비슷한 격언**
Every dog has his day. 모든 개는 그의 날이 있다.

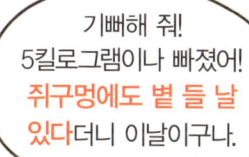

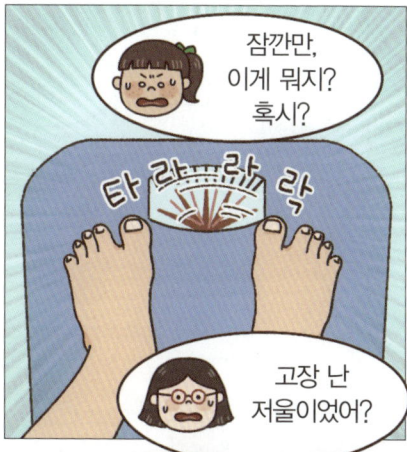

93 지렁이도 밟으면 꿈틀한다

지렁이는 아주 하찮은 동물이지만 밟으면 꿈틀대는 것을 볼 수 있어요. 아무리 순하고 잘 참는 사람이라도 업신여기거나, 자극하면 가만있지 않는다는 것을 의미해요. 주변에 순하고 착한 성격의 친구도 함부로 대하면 안 되겠지요?

비슷한 격언

Even a worm will turn. 벌레도 밟으면 꿈틀한다.

94 천 리 길도 한 걸음부터

천 리는 아주 먼 길을 의미해요. 아무리 먼 길을 떠나더라도 한 걸음 떼는 게 중요하다는 뜻이에요. 원대한 목표가 있어도 시작하지 않으면 아무 소용이 없지요. 무슨 일을 하든지 시작이 중요함을 말해요.

비슷한 격언

A journey of a thousand miles must begin with the first step.
천 리의 여정은 한 걸음부터 시작한다.

95 콩 심은 데 콩 나고 팥 심은 데 팥 난다

모든 것은 자연의 이치를 따르기 마련이에요. 이 속담은 '모든 일은 원인이 있으면 그것에 따라 그에 맞는 결과가 나타난다'라는 말이에요.

비슷한 격언

As one sows, so shall he reap. 뿌린 대로 거둔다.

96 티끌 모아 태산

티끌은 작은 먼지를 말해요. 작은 티와 먼지를 모아서 높고 커다란 산을 만드는 게 가능할까요? 이 속담은 '작은 것이라도 꾸준하게 모으면 커다란 덩어리가 될 수 있다는 것'을 뜻해요.

비슷한 격언

Many a little makes a mickle. 조금씩 많이 하면 큰 것이 된다.

97 팔이 안으로 굽지 밖으로 굽나

사람의 팔처럼 주변의 가까운 친척이나 친한 사람에게 신경이 쓰이고 마음이 가는 것을 일컫는 말이에요.

 **비슷한 격언**

The skin is nearer then the shirt. 셔츠보다는 피부가 가깝다.

98 하룻강아지 범 무서운 줄 모른다

태어난 지 얼마 되지 않은 강아지는 많은 것을 경험하지 못해요. 특히 호랑이를 본다면 무서워서 도망쳐야 할지, 꼬리를 흔들어야 할지 알지 못하지요. 이 속담은 '철없어서 무서운 것도 모르고 함부로 덤비는 것'을 비유적으로 표현한 말이에요.

비슷한 격언

An ignorant person doesn't stand in awe of the great.
무식한 사람은 위인을 경외하지 않는다.

99 호랑이도 제 말 하면 온다

깊은 산속에 사는 호랑이가 마을에서 자기 얘기를 하면 어떻게 알았는지 찾아온다는 말이에요. 이 속담은 '자리에 없다고 해서 남의 이야기를 하면 이야기의 당사자가 나타날 수 있으니 조심하라'는 의미로 사용돼요.

100 호박이 넝쿨째로 굴러떨어졌다

예전에는 집에서 호박을 키워 주렁주렁 맺힌 호박 열매로 요리를 하고, 어린 순이나 호박잎을 쪄서 쌈을 싸 먹었어요. 유용한 식물인 호박이 집에 들어온 것처럼 '뜻밖에 좋은 일을 만났다거나 큰 이익을 봤다'라는 의미로 쓰이고 있어요.

비슷한 격언

Wind-fall. 굴러 들어온 복.

문제를 읽고 알맞은 속담을 써 보아요.

1 무엇인가 열심히 하고 있는데 더 열심히 하라고 부추기는 의미로 쓰이는 속담이에요.

2 많은 자식을 둔 부모는 걱정거리가 끊일 날이 없어요.
이것을 가지 많은 나무에 비유해서 표현한 속담이에요.

3 어렵고 힘든 일을 겪고 나면 반드시 좋은 일이 생긴다는 의미로 쓰여요.

4 무언가 잘하지 못하는 사람도 타고난 재주가 한 가지는 있다는 뜻으로 쓰여요.

5 아무 관계없는 두 개의 일이 동시에 일어나서 의심을 받을 때 쓰여요.

6 늦게 배워서 시작한 일에 몹시 골몰한다는 말로 쓰여요.

정답 1. 가는 말에 채찍질. 2. 가지 많은 나무에 바람 잘 날 없다. 3. 고생 끝에 낙이 온다. 4. 굼벵이도 구르는 재주가 있다.
5. 까마귀 날자 배 떨어진다. 6. 늦게 배운 도둑이 날 새는 줄 모른다. 7. 닭 잡아먹고 오리 발 내놓기. 8. 되로 주고 말로 받는다.
9. 말 한마디로 천 냥 빚을 갚는다. 10. 물에 빠진 놈 건져 놓으니까 내 봇짐 내라 한다. 11. 미꾸라지 한 마리가 온 웅덩이를 흐린다.

7️⃣ 옳지 못한 일을 저질러 놓고 아니라고 하며 엉뚱한 수작을 부려서 넘기려는 것을 말해요.

8️⃣ 조금만 주고 몇 배나 많이 받는다는 뜻으로 쓰여요.

9️⃣ 빚을 많이 졌지만, 말을 잘해서 해결하는 것으로, 말 한마디의 힘이 크다는 의미로 쓰여요.

🔟 남을 도와줬는데, 고마워하지 않고 오히려 실수를 꼬집어서 원망하는 뜻으로 쓰여요.

1️⃣1️⃣ 미꾸라지로 비유해서 표현한 속담으로 잘못 행동한 한 사람으로 전체가 피해를 입는 것을 말해요.

읽기만 해도 실력 쑥쑥
재미 두 배 코믹 만화
알찬 속담

초판 1쇄 발행 2022년 12월 1일

글 해맑은
그림 토리아트(오지원)

펴낸이 문제친
펴낸곳 ㈜은하수미디어
기획·편집 김정화, 유다온
디자인 엉뚱한고양이
제작책임 이남수
주소 서울시 송파구 송이로32길 18, 405(문정동 4층)
대표전화 02-449-2701
팩스 02-404-8768
출판등록 제22-590호(2000. 7. 10.)
홈페이지 www.ieunhasoo.com

ISBN 978-89-6579-507-0
ISBN 978-89-6579-506-3(세트)

이 책은 저작권법에 따라 보호받는 저작물이므로 무단 전재와 무단 복제를 금지하며,
이 책의 내용을 일부 또는 전부를 재사용하려면 반드시 ㈜은하수미디어의 동의를 얻어야 합니다.

어린이제품안전특별법에 의한 제품 표시
제조자명 ㈜은하수미디어 | **제조국** 대한민국 | **제조년월** 2022년 12월 | **사용연령** 만 7세 이상 어린이 제품